I0111668

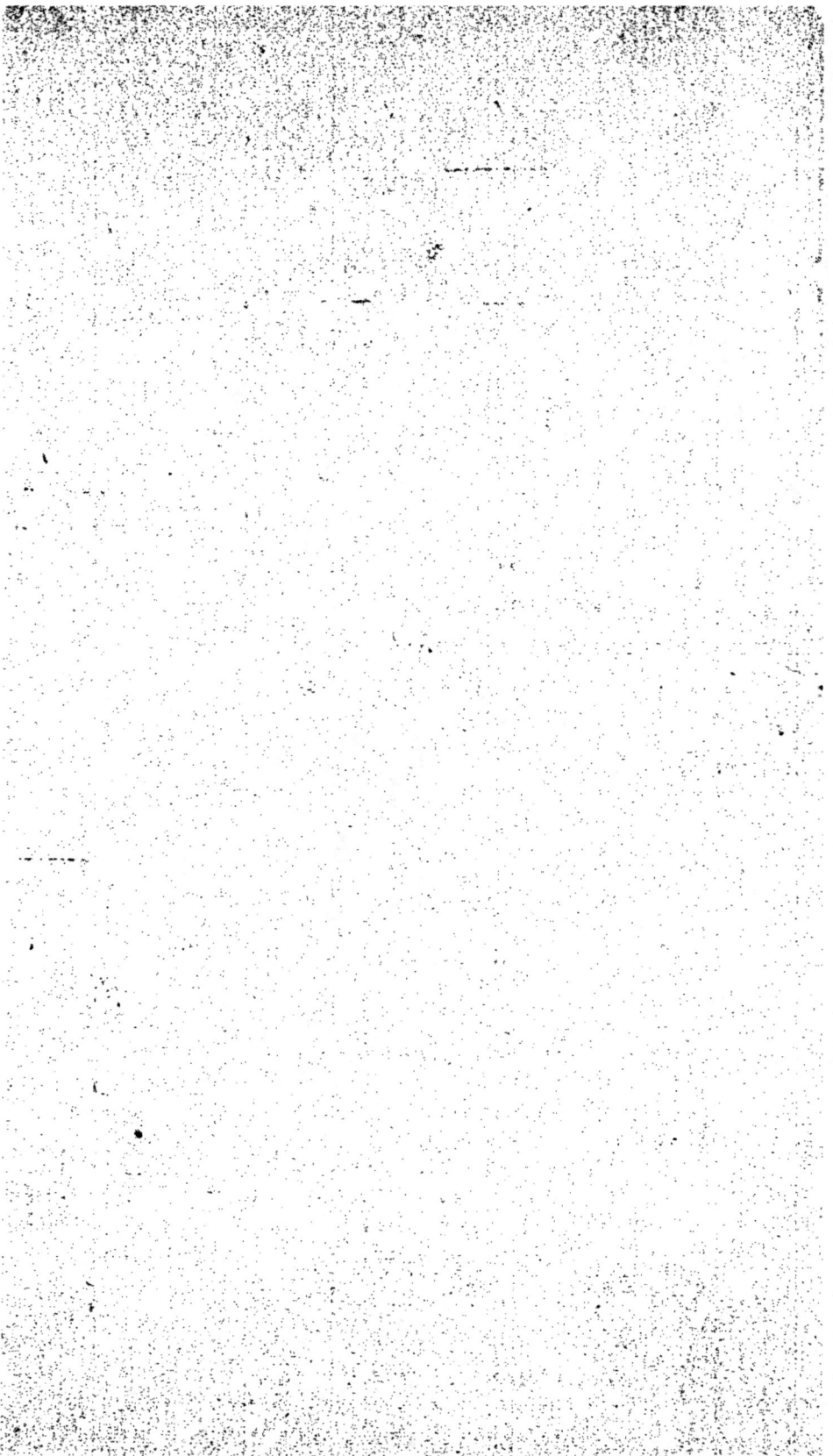

RÉPUBLIQUE

DU

PHILOSOPHE.

A PARIS,

Et par-tout où les HOMMES LIBRES font
dignes d'avoir une Patrie.

L'AN II.ᵉ DE LA RÉPUBLIQUE FRANÇAISE.

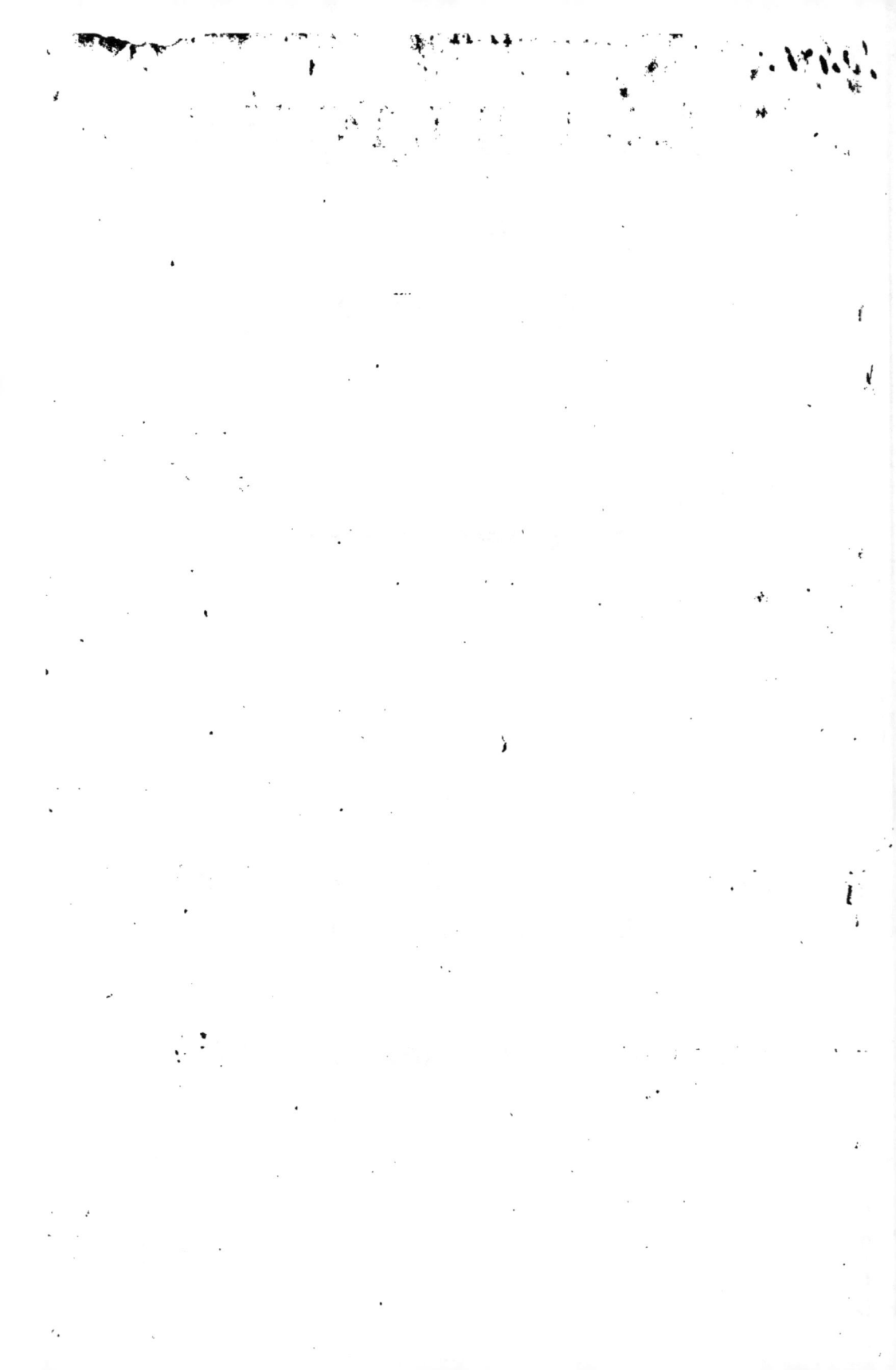

PRÉFACE

DE L'ÉDITEUR.

LES Hommes de bien qui éclairent l'opinion publique, demandent par-tout un ouvrage philosophique qui serve à la fois de préliminaires & de supplément au Code immortel de la Montagne.

Cet Ouvrage existoit il y a long-temps, mais épars dans plusieurs écrits sortis de la même plume, qui, depuis 1769, préparoient en silence la plus sublime des révolutions.

J'ai rassemblé dans le même foyer ces rayons de lumières épars, & j'ai donné à l'Ouvrage le titre qui lui convient, celui de *République du Philosophe.*

Mon respect pour l'Ecrivain dont j'offre ici l'esprit, m'a obligé de l'isoler, en le donnant sous la forme des Pensées de Pascal ou de la Rochefoucaut; mais il ne faut pas se tromper sur le désordre apparent. Un fil encyclopédique lie toutes les branches éparses de son système social. J'ai trouvé une des extrémités de ce fil dans la tête pensante du Philosophe que j'analyse, & je présente l'autre à l'entendement de tous mes Lecteurs.

Un autre motif m'a déterminé à cet enchaînement servile des textes qui constituent la République du Philosophe. Son Auteur, méconnu dans un moment d'orage, où les erreurs involontaires de l'administration trouvoient leur excuse dans le patriotisme qui les

fait naître, partage depuis long-temps les chaînes d'Anaxagore : il étoit important de ne
point dénaturer fes principes par des tranfitions
hétérogènes, & de deffiner en face l'homme
courageux qui, depuis tant d'années, travaille
à donner une patrie aux Français & un fyftême
de bonheur au genre humain.

Les maximes de ce livre font tirées des trois
grands ouvrages qui ont affuré à fon Auteur
une célébrité fi orageufe : de la *PHILOSOPHIE
DE LA NATURE*, des Annales de l'Antiquité,
connues fous le nom d'*HISTOIRE DES
HOMMES*, & de la première édition d'*EPO-
NINE*, donnée fous le titre de *MA RÉPU-
BLIQUE* (a).

On obfervera que le manufcrit original de
la Philofophie de la Nature étoit compofé en
entier au commencement de 1765, & qu'ainfi
il y a trente ans que fon Auteur, toujours
perfécuté, mais toujours libre au milieu de
vingt-cinq millions d'efclaves, fappoit par
leur bafe les trônes abfolus & les autels de
l'intolérance, appelloit à l'indépendance tous
les Peuples dignes de s'appartenir, & jettoit
les principes générateurs du Code facré de la
Montagne.

(a) Pour affurer à cet Ouvrage toute l'authenticité que Pafcal
avoit donnée à fon chef-d'œuvre des *Provinciales*, nous prévenons
que l'édition qui nous a fervie de guide pour la *Philofophie de la
Nature*, eft la cinquième en 7 vol. in-8°, publiée à Londres en 1789 :
celle de l'*Hiftoire des Hommes* eft la feconde qui a paru in-8°, en
1784, & nous avons confulté pour l'*Eponine*, la première édition
en 12 vol. in-18, qui a été enlevée dans le courant de 1791.

LA RÉPUBLIQUE DU PHILOSOPHE.

PRÉLIMINAIRES.

I.

SAGES paifibles, qui de toutes les capitales de l'Europe m'avez demandé mon opinion fur la révolution françaife, fongez que peu de noms font auffi purs que le mien dans les annales de la liberté : rappellez-vous que dans mes nombreux écrits, jamais une ligne échappée à la politique n'a forcé l'honneur à rougir. Craignez donc de prononcer entre le public & moi, & attendez le commencement du fiècle qui va naître pour me juger. *Eponine, tome I, page 3?* (*a*).

___

(*a*) Je prie d'obferver, à caufe de la fidélité des citations, que le livre que je défigne ici fous fon vrai nom,

A 3

2.

Je n'ai jamais oublié que le flambeau de la vérité devoit être préfenté aux hommes avec beaucoup de circonfpection, à caufe de la foibleffe de leur vue : voilà pourquoi j'ai refpecté jufqu'à ces erreurs douces, qui nous conduifent le bandeau fur les yeux à la félicité. Le Sage a trompé quelquefois la terre pour mériter des autels : il n'y a que le defpote ou le fanatique fombre & attrabilaire qui nous égarent pour nous rendre malheureux ; c'eft fur eux qu'il faut tourner le flambeau de la philofophie, s'en fervir pour les éclairer s'ils ne font que foibles, & s'ils font méchans par caractère & par fyftême, l'employer pour les brûler. *Philofophie de la Nature, tome I, page* CLXXXIX.

3.

O vertu ! tous les êtres s'anéantiffent devant toi ; toi feul tu nous tiens lieu de tous les

---

fous celui de d'*Eponine,* eft celui qui a paru en 12 vol. in-18, fous le titre de *ma République.*

On voudra bien auffi fe rappeller que toutes les hiftoires détachées dont il fera fait mention ici, telles que celle de la Grèce, de l'ancienne Rome, &c. font partie de la grande Collection connue fous le nom d'*Hiftoire des Hommes.*

biens donnés par la nature où créés par l'opinion : tu exiftes, & le mal n'eft plus fur la terre.

Puiffes-tu diriger avec le même fuççès mon entendement & ma volonté ! Car toutes les puiffances de l'ame te font également affujéties : lorfque je t'étudie, tu me parois une grande idée , & lorfque je te pratique, tu n'es plus qu'un grand fentiment.

Je reconnoîtrai ta douce influence lorfque je me plairai avec mon ame ; lorfque l'amour de l'ordre s'élevera en moi au degré de la paffion ; lorfque je fentirai que la nature a imprimé en moi un grand caractère, & que j'oferai achever fon ouvrage.

C'eft alors que j'attendrai fans murmure que la mort vienne me frapper... Qu'aurai-je à redouter ? C'eft la vertu elle-même qui me remettra dans le fein de la nature. *Philof. de la Nat.*, *tome IV*, *page 184.*

P R I N C I P E S.

I.

Le règne des illufions a difparu ; & depuis l'avénement de la raifon, tout le monde, fans être Lévite , a droit de porter fes regards curieux fur l'Arche de la politique

& fur celle de la religion. *Eponine, tom. I,*
p. 16.

2.

(Pourquoi la Philofophie ne fonderoit-
elle pas les Républiques?)... N'eft-ce pas
la Philofophie qui crie aux Princes qu'ils
ne doivent monter fur le trône que quand
ils ont le courage d'être effrayés à fa vue? qui
leur apprend à diftinguer les hommes qu'ils
gouvernent d'un vil troupeau qu'ils achètent,
& qui, au milieu même des forces politiques
qu'ils font mouvoir, les inftruit du fecret de
leur foibleffe?

N'eft-ce pas la Philofophie qui place le
feul defpotifme légitime dans la loi?...

N'eft-ce pas la Philofophie qui apprend
aux rois que l'énorme machine politique
qu'ils font mouvoir ne tient qu'à un fil, &
que de la plus légère déclinaifon de ce fil
dépend le bonheur ou le malheur de vingt
millions d'hommes : qu'il ne faut qu'un pro-
jet mal conçu pour allumer une guerre fatale
dans les deux mondes, un édit mal concerté
pour priver l'état de cent mille bras, &
une foible erreur de calcul pour empoifonner
l'exiftence des citoyens dans l'intervalle de
plufieurs générations?...

D'où viennent toutes les fanglantes révolutions du globe? Ce n'eſt pas, ſans doute, du
Sage obſcur qui raiſonne dans ſon cabinet :
c'eſt de quelque Cromwel, qui fait conſiſ-
ter la gloire à changer en chaînes légales les
chaînes arbitraires de ſes concitoyens : de
quelqu'Alexandre qui ne veut mourir que
ſur des mondes ſubjugués : ou de quelque
Mahomet qui vient, le glaive d'une main
& l'encenſoir de l'autre, anéantir le culte de
la Patrie, auſſi bien que ſa liberté, & la faire
gémir à la fois ſous la tyrannie de ſes rois &
ſous celle de ſes dieux. *Philoſ. de la Nat. t. I,
p. 123.*

3.

Tout homme ſans principes a peur, & c'eſt
parce qu'il a peur qu'il opprime : c'eſt un enfant qui ſe heurte pendant la nuit contre des
cailloux qu'il rencontre, & qui veut les punir
de ſa mépriſe en les changeant de place.
Philoſ. de la Nat. t. VI, p. 19.

4.

S'il y eut jamais un temps favorable à
l'activité du genie, c'eſt celui des révolutions
des empires ; il y a alors une fermentation
univerſelle dans les eſprits : l'état s'ébranle,

mais les ames fe fortifient ; il femble que les organes s'agrandiffent & que la nature double les forces de chaque individu, c'eft alors que les monarchies, comme les particuliers, prennent un caractère; que Céfar & Cromwel étonnent l'Europe, & que les rois ne font plus que des hommes.

Le fommeil des empires eft le triomphe de l'inégalité, mais une révolution remet tous les hommes à leur place; cependant il eft trifte pour la Philofophie qu'il faille que les états fe renverfent pour que l'homme politique devienne l'homme de la nature. *Philof. de la Nat. tome III, pag. 345.*

5.

La vertu (dans les révolutions) ne confifte pas à armer inutilement les paffions des hommes entr'elles ; elle eft calme comme le ciel dont elle émane ; elle ne met pas la vérité dans l'oubli, mais auffi elle n'en difpofe les germes que dans les terreins qui font difpofés à la fécondité....

Cette raifon fublime, qui a organifé le monde focial, n'approuve que les facrifices dont il réfulte le bien des générations : on n'a point le droit de revivifier fa patrie d'une main foible & énervée, & Curtius ne doit

se précipiter dans l'abîme que quand il est sûr
de le refermer. *Epon. tom. I, pag. 142.*

6.

Par combien de nuances le propagateur de la
morale de la nature doit-il passer pour arriver
du murmure légitime à l'insurrection? Or, c'est
la connoissance parfaite de ces nuances qui
justifie la résistance à des loix perverses; &
jusqu'ici quel est le code qui les a graduées?
où est le prisme philosophique qui en a in-
diqué l'échelle? Il n'existe point de législateurs depuis la naissance des âges, qui ait eu
le courage de consacrer l'opposition à la tyrannie des loix. *Epon. tome II, p. 48.*

7.

La vertu sociale consiste à ne se regarder
que comme un point dans la sphère immense
de l'univers moral; à faire céder l'intérêt de ce
point à celui d'une grande surface, & l'intérêt
de cette grande surface à celui de toute la
circonférence.

De cette idée grande dérive toute la chaîne
de nos devoirs.

Comme membre d'une société très-bornée,
je me sacrifierai pour ma famille, pour les
enfans mêmes que j'ai fait naître, jusqu'à

ce que ceux-ci foient en âge de fe facrifier pour moi.

Comme membre d'une fociété plus éten-due, je vivrai pour défendre ma Patrie , & je mourrai avec ma famille entière, s'il le faut, pour la fauver.

Enfin comme citoyen de l'univers, j'em-brafferai tous les hommes dans ma bienveil-lance, & s'il étoit poffible que leur intérêt pût commander le plus étonnant des facrifices, j'immolerois fans balancer ma patrie, ma fa-mille & moi-même au bonheur du genre hu-main. *Epon. tome II , page 64.*

DE LA MORALE.

Bafe de toutes les Légiflations.

I.

La Morale eft l'art d'être bien avec foi-même , avec le dieu qui nous fait exifter , & avec la fociété qui nous protége. *Philof. de la Nat. tome II, page 3.*

2.

L'amour de foi-même eft la bafe de la morale du genre humain....

L'homme s'aime dans la femme que fon

cœur a choifi, & dans les enfans que fa ten-
dreffe a fait naitre. Telle eft la bafe de l'union
facrée des familles.

Il s'aime dans fes concitoyens qui le pro-
tégent, & voilà le fondement du patriotifme.

Il s'aime dans la grande famille des êtres
intelligens qui forment la population du
globe, & voilà l'origine de cette bienveil-
lance univerfelle qui caractérife la belle ame
du philofophe. *Philof. de la Nat. tome II,
page 25.*

3.

Et toi, ô amitié ! charme des grandes
ames, toi qui feule juftifierois à mes yeux
la divinité des malheurs du genre humain,
célefte amitié ! c'eft en moi-même que j'ofe
t'aimer : fi j'ai quelquefois, dans le fein de
Pylade, reffenti la vivacité de tes feux, c'eft
que je retrouvois dans fon efprit la copie de
mon efprit, & dans fon cœur l'image de
mon cœur : j'admirois mes vertus dans les
fiennes, & je trouvois fouvent dans fes défauts
le pardon des miens. *Philof. de la Nature,
t. II, p. 28.*

4.

L'amour de foi, principe du monde mo-

ral, a fes règles, comme la gravitation,
principe du monde physique, a fes loix.

Ces règles, bafes éternelles de nos devoirs,
confiftent à maintenir nos organes dans leur
énergie & dans leur intégrité, à diriger notre
entendement à la vérité, & notre volonté à
la vertu. *Philof. de la Nat. t. II, p. 72.*

5.

La morale eft dans le cœur de tout homme
bien organifé; c'eft là que le légiflateur doit
la chercher, & non dans les livres des fo-
phiftes & dans les révélations. *Epon. t. II,
page 33.*

6.

(La morale de l'homme femble différer
de la morale de la patrie, & toutes deux de
la morale de l'univers) ... Mais il viendra
un temps, que j'ofe preffentir dans l'abîme
des fiècles, où la civilifation ayant atteint fon
dernier période, les trois morales de l'homme,
de la patrie, & de l'univers, feront ramenées
aux mêmes élémens, où une feule loi d'harmonie réglera tous les mouvemens du monde
moral, où on ne pourra être homme fans être
bien avec tous les hommes. *Epon. tom. II,
p. 60.*

7.

C'eſt l'abſence de la morale dans notre éducation énervée, qui nous fait dire que l'homme ne peut rien ſur l'ouvrage de la nature. A la naiſſance, il n'y a aucune différence entre Hercule enfant & le fils d'un automate couronné ; c'eſt le phyſique de l'inſtitution, c'eſt l'éloignement de toute jouiſſance prématurée, qui met un ſi grand intervalle entre nos auguſtes vieillards de vingt-ans & le héros qui le jour étouffe un lion entre ſes bras, & la nuit force cinquante vierges à devenir mères. *Philoſ. de la Nat. t. II, p. 141.*

8.

(L'abſence des mœurs publiques annonce la décadence des empires)... Aſſurément quand à Rome les femmes tranquilles autour d'une arène ſanglante, exigeoient des gladiateurs qu'ils expiraſſent avec grace, on pouvoit prononcer que le corps politique tendoit à ſe diſſoudre : la plume de Tacite ne devoit plus s'occuper qu'à rapporter des crimes, & le génie n'avoit plus de héros à louer. *Philoſ. de la Nat. t. III, p. 285.*

9.

Prenons-nous-en à une morale perverſe, ſi

on a rendu si compliquée la machine des légiflations. Le gouvernement tremble à chaque
inflant pour ma vie & ma fortune ; une police
défiante m'entoure de fatellites invifibles. La
loi, jufque dans le bien que je fais, foup-
çonne le mal que le méchant médite. Grand
dieu ! fuis-je donc dans une caverne de brigands ? ou la loi n'eft-elle pour moi que cette
épée de Denys le Tyran, fufpendue par un
fil fur ma tête, moins pour me protéger que
pour m'empêcher de vivre ?

Oh combien les mœurs feules, fans cet
appareil formidable de loix, contribueroient
plus à mon bonheur ! Temps heureux de la
franchife douce & honnête de nos pères,
vous n'êtes plus que dans la mémoire de
leurs defcendans ! Qu'eft devenue cette parole
plus facrée pour les citoyens que cent fer-
mens faits fur des autels entourés du parjure ?
Je voudrois vivre avec mes amis, & la loi
inquiète ne me montre autour de moi que
des tyrans puiffans qui la bravent, ou des
fcélérats obfcurs qu'elle ne craint plus de
punir.

Des mœurs fans loix annoncent une nature fauvage ; des loix fans mœurs prouvent
un état dépravé qui touche à fa décadence :
le chef-d'œuvre des gouvernemens eft celui
où

où l'on trouve à la fois des mœurs & des loix. *Philof. de la Nat. t. II, p. 179.*

10.

Oh que la nature s'eft cruellement vengée en abandonnant les hommes qui blafphêment la morale ! Un vil & froid intérêt a achevé d'éteindre en eux la flamme déjà expirante de la fenfibilité ; les liens facrés des familles fe font relâchés ; l'habitant des villes, ifolé au milieu de fes concitoyens, fourit de pitié au nom de patriotifme, & ce fentiment noble & généreux qui fait embraffer le genre humain dans fa bienveillance, on le renvoye avec la chimère de l'optimifme dans la *République* de Platon. *Philof. de la Nat. t. II, p. 283.*

DU PACTE SOCIAL.

I.

A la naiffance de la propriété, on vit éclore l'ordre focial.... Alors les pères de familles firent le facrifice de leur force perfonnelle, pour en conftituer une force publique deftinée à les protéger... Cette force publique fut dépofée entre des mains pures..., & il fut ftipulé que l'homme puiffant qui en feroit le dépofitaire, ne la déployeroit que pour affurer l'indépendance du fouverain...

B

C'eſt en liant le premier gouvernement de cette triple chaîne, que les premiers légiſlateurs fondèrent le pacte ſocial.

Quand même ce pacte n'auroit jamais été ſtipulé formellement, il n'en eſt pas moins la baſe de tous les codes des peuples civiliſés ; il dérive de la nature même de l'homme, de la hauteur de ſon origine, de la puiſſance de ſon entendement : je le trouve gravé dans le cœur de tout ce qui eſt digne de s'apprécier, ce qui vaut encore mieux que d'être écrit ſur douze tables d'airain, à la tête d'une bulle d'or, ou dans les livres des philoſophes. *Épon. tom. I, pag.* 128.

2.

Il n'exiſte point de puiſſance légitime ſans une tranſaction ou tacite ou formelle, entre la tête & les membres du corps politique : c'eſt en vertu de çet acte ſacré, paſſé ſur l'autel de la nature, qu'il y a dans tous les états bien organiſés, non un monarque & des ſujets, encore moins un maître & des eſclaves, mais un repréſentant de la nation & des citoyens... C'eſt par cet acte que les grandes ſociétés ſortent de tutelle, & que l'homme, ramené à ſa hauteur primordiale, peut dire qu'en obéiſſant au ſouverain, il n'obéit qu'à lui-même. *Épon. tom. I, pag.* 106.

3.

Le premier roi s'engagea avec ceux qui l'élurent, à les rendre heureux : il ſtipula alors pour toute ſa poſtérité. Ce n'eſt pas là l'engagement d'un homme couronné, c'eſt celui du trône. .... Examinons toutes les généalogies royales, il faut toujours remonter à une tige, qui tient ſes droits ou de ſon épée, ou de l'élection libre de ſes peuples. Dans le premier cas, il n'y a point de pouvoir légitime ; dans le ſecond, il y a un pacte, & ce pacte lie tous ceux qui occupent le trône, juſqu'à la diſſolution de la monarchie. *Epon. tom. I, p. 184.*

4.

L'homme eſt eſſentiellement libre : : ainſi tout pacte ſocial qui attente à ſon indépendance, eſt par-là frappé de nullité. *Epon. t. I, pag. 135.*

5.

Il n'y a (d'après le pacte ſocial) de ſouverain légitime dans les trois mondes, que les peuples légalement aſſemblés. *Epon. tom. I, pag. 136.*

6.

Tout repréſentant d'une nation, qui ſe fait ſouverain, annulle le pacte ſocial, & remet les hommes qu'il gouverne dans l'indépendance de la nature. *Epon. tom. I, pag. 137.*

DE LA RELIGION.

I.

Ma *Philosophie de la Nature*, toute flétrie qu'elle est (par les rois & les prêtres) dépose en faveur de ma religion : aucune puissance humaine ne peut, tant que je respirerai, m'empêcher de me jetter entre les bras de l'Être suprême ; aucune puissance, quand je ne serai plus, ne pourra m'arracher de son sein.

On peut continuer à enchaîner ma plume, à dégrader mes ouvrages, à opprimer ma personne. Pour moi, je continuerai à me consoler avec dieu, de l'injustice de mes concitoyens, à resserrer les nœuds sacrés qui lient l'homme à l'homme, à éclairer mes persécuteurs, & à leur pardonner. *Philos. de la Nat. tom. I, pag. 120.*

2.

Je lie société avec dieu par l'intermède de la religion.

La religion doit être le culte simple & sublime d'un cœur que la contagion de l'exemple n'a point encore dépravé.

Ses préceptes doivent être gravés, non fur l'airain des tables d'un Moyfe, mais dans le cœur de l'être intelligent qui doit les obferver.

Ses prêtres doivent être tous les gens de bien. *Philof. de la Nat. tom. II, pag. 72.*

3.

O ma fille ! tu es dans le printems de l'âge, & ton cœur feul doit parler à la divinité. Quand l'hiver fera fur ta tête, tu feras moins parler ton cœur que ton intelligence. Il faut bien, quand une partie de nous - même fe glace, que l'autre fupplée à fa foibleffe. *Phil. de la Nat. t. IV, pag. 288.*

4.

La religion du philofophe ne peut être la religion de la multitude, parce qu'elle eft né- ceffairement fans fpectacle. Otez les temples, les prêtres & les cérémonies, & vous ôterez dieu aux trois quarts du genre humain. *Phil. de la Nat. tom. VI, pag. 270.*

5.

Un grand fpectacle, mais peu de religion, femble l'apanage de l'homme groffier. L'athée ne veut point de fpectacle, pour être libre de n'avoir point de religion. Le vrai philofophe eft lié aux hommes par le fpectacle, & à Dieu par la religion. *Philof. de la Nat. tome VI, page 273.*

6.

Les enthoufiaftes qui ont bâti l'édifice religieux fur la ruine totale de la raifon, ont ajouté la tyrannie à l'extravagance; ils ont dit à l'homme : « Sois un vil automate, » dont je dirigerai les refforts : crois & » tremble : la voix du prêtre eft plus » faite pour ton oreille que le cri de la » nature. » *Philof. de la Nat. tome VI, page 290.*

7.

Il faut le dire avec courage, quoique la foudre (des prêtres & des rois) foit fur le point d'éclatter fur ma tête, la raifon humaine, que la théologie dédaigne, qu'elle dégrade, qu'elle anéantit, eh bien ! cette raifon .... eft le juge fuprême de toutes les religions. *Philof. de la Nat. tome VI, page 293.*

8.

La religion de la nature eft le culte fublime d'un dieu qui punit & qui récompenfe, dont les loix fe manifeftent fans révélation, les dogmes fans myftères, & la puiffance fans miracles. *Phil. de la Nat. t. VII, p. 235.*

9.

L'édifice focial s'écroule de tout côté, mais perfonne n'ofe l'abattre afin de le reconftruire, parce qu'on a eu la mal-adreffe de le bâtir fur l'autel. Le refpect dû à là bafe, arrête la main courageufe qui s'arme de la hache. On craint d'acheter le titre de bienfaiteur des hommes par celui de facrilége. En un mot les loix font par-tout dans l'enfance, parce qu'on les a fait protéger par le culte. On a mis la patrie dans le fein de la religion, au lieu de mettre la religion dans le fein de la patrie ; & il en a réfulté peu à peu pour les empires les plus éclairés qu'ils n'ont eu ni patrie ni religion. *Epon. t. 1, p. 66.*

10.

Je fais que l'ordonnateur des mondes n'a pas befoin de notre culte extérieur. Que prétendrions-nous par l'hommage de notre faftueufe indigence ? Notre encens & nos génuflexions ajouteront-ils quelque chofe à la gloire de celui qui fait mouvoir dans l'efpace des millions de foleils ? . . . .

Mais ce culte eft néceffaire à l'homme, & furtout à l'homme focial. Toutes les fois que

j'entre dans un temple, je crois apprendre
aux infortunés qui m'environne, que fi la juftice dort fur la terre, le juge éternel veille
encore. L'afpect feul d'un autel fuffit pour
faire foupçonner à un tyran qu'il n'eft pas fi
heureux que le jufte qu'il perfécute.....

Le culte public ramène feul, à la·liberté
primitive, des cœurs flétris par l'opprobre,
& affervis par les préjugés. Voyez le peuple
au pied des trônes, il n'exifte que pour fentir
fon néant: mais, dans les temples, le dernier
des hommes eft égal au premier des rois.
Philof. de la Nat. t. VI, pag. 271.

II.

Sous quelque rapport qu'on envifage le
culte, il doit être fubordonné à la loi. Les
philofophes doivent en tracer le plan, les
magiftrats lui donner fa fanction, & le fouverain le maintenir de toute l'énergie de fon
pouvoir.

Ce culte ne doit rien avoir de lugubre
dans fes cérémonies. La terreur ne défigne
que le mauvais principe, & n'eft bonne qu'à
faire des hypocrites ou des efclaves.

Ses fêtes doivent confacrer les actions vraiment grandes & vertueufes. Le fameux édit
de Nantes, la liberté rendue aux nègres dans

une partie du nouveau monde, voilà des fu-
jets de fêtes pour les nations, & non la cano-
nifation d'un faint obfcur, qui n'a été utile
qu'aux moines, ou le triomphe de la foi, dû
à des faint Barthelemy, ou à des dragonades.

DE DIEU.

I.

J'ai examiné cent fois la queſtion de l'exiſtence de dieu, avec toute la ſimplicité d'un
ami de la vérité, & cent fois je ſuis ſorti de
l'examen plus convaincu que jamais de cette
exiſtence : plus perſuadé que Ravaillac ne
partage point avec Henri le grand l'éternité
de la mort & du repos, plus ſûr que ma tombe
ne communique pas au néant. *Philoſ. de la
Nat.*, *t. VI, pag. 51.*

2.

Le culte d'un être ſuprême, qui n'impor-
tune que les ingrats, fait le charme de tout
homme ſenſible : c'eſt une lumière douce,
qui l'échauffe en même-tems qu'elle l'éclaire:
Quand il étudie cette baſe de toutes les
réligions, il s'apperçoit qu'elle eſt lé centre
où toutes les vérités philoſophiques vont ſe
réunir : quand il la ſuit, il reconnoît que

c'eſt le foyer où toutes les belles paſſions vont s'embrâſer. *Philoſ: de la Nat. tome I*, *p. 131.*

3.

Dieu eſt l'unique frein des délits ſecrets; lui ſeul, quand le glaive des loix s'émouſſe, vient avec ſon tonnerre, glacer, à l'approche des grands crimes les ames ſcélérates des Locuſtes, des Néron & des Louis XI. *Philoſ. de la Nat. tome II, p. 135.*

4.

L'athéiſme n'eſt utile qu'aux riches criminels qui veulent jouir ſans inquiétude, & aux perſécuteurs qui veulent opprimer ſans remords. C'eſt le ſyſtème des tyrans, qui, après avoir tourmenté leur exiſtence dans la recherche de plaiſirs vains ou odieux, appellent encore le néant au bout de leur carrière. *Philoſ. de la Nat. tome VI, p. 79.*

5.

Oui ſuprême ordonnateur des mondes, tu exiſtes ; je t'ai demandé à la nature entière ; ton nom eſt empreint ſur chaque anneau de cette grande chaîne, & partout l'exiſtence de l'artiſte eſt atteſtée par l'exiſtence de l'ouvrage.

Je te vois dans les biens dont je jouis, & dans ceux que j'espère. Je suis un être trop sensible pour blasphèmer mon bienfaiteur. Je sens trop de volupté à m'appeler ton fils pour avoir l'audace de renier mon père. *Philosop. de la Nat. tome VI, p. 25.*

6.

La nature n'est point la divinité, quoique toutes ses opérations soient des prodiges pour notre foible intelligence ; si je pouvois comparer, dans une occasion où toute comparaison est un blasphême, je dirois, que l'univers est une salle de spectacles, la nature est derrière le théâtre, dirigeant les ressorts, les machines & les contrepoids : nous sommes sur la scène, voyant les effets, & tâchant de deviner les causes; mais dieu seul est l'architecte de tout l'édifice. *Philos. de la Nat. tome I, p. 40.*

DE L'IMMORTALITÉ.

I.

Est-il vrai que le feu céleste qui m'anime doit s'éteindre un jour dans l'abîme de la tombe, & qu'il n'y a entre moi & le néant que ce point fugitif de l'existence, qu'on appelle la vie ?

Le dangereux Epicure l'a dit, & les fo-
phiſtes chez les peuples à demi éclairés, &
le ſénat de Rome, lorſqu'il n'y avoit plus
de Romains.

Cependant le ſentiment intérieur dépoſe
ſans ceſſe contre cette doctrine déſeſpérante;
le cri de la nature, plus fort que tous les
ſyllogiſmes, empêche toujours l'eſpèce humaine de graviter vers l'anéantiſſement...

Apôtres du néant, comme tous vos ſyſ-
tèmes s'écroulent les uns ſur les autres !
c'eſt qu'ils ſont votre ouvrage. Votre cœur
étoit plus vrai; il ne faiſoit point de ſyſtème, & c'eſt lui ſeul que vous deviez con-
ſulter. *Philoſ. de la Nat. tome III, p. 2 & 5.*

2.

L'athée a dit que l'homme étoit une horloge qui ne ſonnoit plus les heures dès qu'on
venoit à la briſer. Mais l'être intelligent n'eſt
point une horloge; le temps, qui altère les
rouages de ſa frêle machine, ne peut rien
contre le principe qui le fait penſer. Le père
de Montagne, le grand Newton, ſentent en
vain leurs corps ſe diſſoudre, leurs ames ſu-
blimes exiſtent encore dans toute leur vi-
gueur, quoiqu'elles n'habitent plus que des
ruines. Le pendule n'oſcille plus, le grand

reffort femble brifé, & l'efprit toujours actif
marque encore fur le cadran le fymbole de
l'immortalité. *Philof. de la Nat. tome. III*,
page 48.

3.

L'ame eft immortelle fans doute, & j'en
fuis convaincu, puifque je fouffre, & le tyran
qui m'opprime en eft convaincu auffi puifqu'il
a des remords.

Ce dogme eft trop néceffaire à la paix du
genre humain, pour n'être qu'une antique
erreur. Si l'ame étoit mortelle, l'enfer pour
nous feroit fur la terre & le néant au-delà.
Philof. de la Nat. t. III, page 50.

4.

L'arbre du bien & du mal n'a que deux
branches; mais le poids énorme de la dernière
écrafé l'univers. . . . Il faut donc que je fois
immortel pour juftifier la providence. *Philof.
de la Nat. tome III, p. 106.*

DE LA SUPERSTITION.

I.

Quand je me propofai d'abattre les autels
de la fuperftition, je me déterminai à mourir;
je me dis à moi-même : Il faut annoncer la

vérité à ma patrie, dut-elle m'en punir, & la vérité est bien peu de chose si on ne sacrifie pas pour elle une tête blanchie par les ans, dont l'existence commence à peser au genre humain.

Non, je ne démentirai point la philosophie au moment où je vais en cueillir les fruits. J'aime mieux être victime dans une religion qui pardonne, qu'assassin dans une religion qui persécute. *Philos. de la Nat. tome VII, p. 225.*

2.

Il n'y a point de souverain qui ne doive encourager le philosophe, dont la plume vigoureuse tend à détruire tout ce monde enchanté qui ne doit son existence qu'à la baguette des prêtres, & abattre à cet égard les autels de la superstition, c'est apprendre aux femmes a devenir hommes, & aux hommes à devenir des Romains. *Philos. de la Nat. tome III, page 322.*

3.

Mes principes tendent à affoiblir la vénération des peuples pour les révélations, pour les mystères & pour cette foule de merveilles qui entourent le berceau des religions : mais tout cet appareil de superstition n'est que le vêtement de la statue ; j'ai osé la montrer toute nue, & c'est le moyen le plus sûr de la faire aimer.

Qu'importe au fond à la société que j'attaque dans les cultes l'ouvrage des prêtres, pourvu que je respecte l'ouvrage de la nature? Qu'importe que je diminue la foi, pourvu que j'augmente la vertu ? *Philos. de la Nat. tome VI, p. 8.*

4.

La superstition est tout ce que la crédulité ajoute au culte de la nature : on peut la définir la religion que le peuple se fait à lui-même ; il n'est point surprenant qu'un esprit foible & vain, ne pouvant s'élever jusqu'à l'idée sublime de dieu, la rabaisse pour la mettre au niveau de son intelligence. *Philos. de la Nat. tome VI, page 252.*

5.

Quelle est cette foule de pratiques minutieuses, de cérémonies frivoles, d'expiations absurdes que le sacerdoce a substituées aux grands principes de la morale ? Est-ce honorer dieu que de rétrécir son entendement? Toutes les génuflexions des dévots, tous les jubilés des papes, valent-ils un acte de vertu?

C'eſt par ce ſyſtême de momeries reli-
gieuſes qu'on eſt venu à bout de corrompre
les mœurs des peuples ; c'eſt par-là qu'on a
fait de la poſtérité des Régulus & des Caton
des diſtributeurs d'indulgences ; c'eſt par-là
que le jéſuite le Tellier a dégradé la vieilleſſe
de Louis XIV. *Philoſ. de la Nat. tome II,
page* 305.

6.

Les myſtères ſont l'opprobre de tous les
cultes où on les admet... Il me ſemble que
l'idée de parler aux hommes myſtérieuſement
eſt tirée du machiavéliſme. Les princes qui
n'ont que de petites vues & de petites forces,
enveloppent leurs projets du voile du myſ-
tère, afin d'empêcher leurs ennemis de les
faire échouer ; mais où ſont les ennemis phy-
ſiques de la divinité ? quel eſt l'infiniment
petit qui empêchera l'ordonnateur des mondes
de veiller à leur harmonie ? *Philoſ. de la Nat.
t. VI, page* 313.

7.

Tous les cultes inventés par les hommes
ont leurs miracles ; il eſt tout ſimple que les
prêtres étonnent lorſqu'ils ne peuvent per-
ſuader : il faut bien que l'édifice de la religion, quand il n'a pas la nature pour architecte,

chitecte, foit conftruit avec la lyre d'Amphion, ou détruit par la trompette de Jofué. *Philof. de la Nat. t. VI, p. 341.*

8.

Je pardonne au dogme des enfers d'être abfurde, mais je ne lui pardonne pas d'être atroce. On a ofé dire que l'homme enfermé à jamais dans le plus affreux des cachots, expioit, par le fupplice du feu, quelques inftans de foibleffe : on a fait plus, on a affocié à cette éternité de tourmens les ames fublimes des Trajan & des Socrate... A cette idée mon fang fermente, mon courroux s'allume, & je maudirois les ennemis du genre humain, fi je favois maudire...

Dieu de bienfaifance, je ne t'invoque point pour fuppléer par ta foudre au filence des rois : ces prêtres blafphémateurs, en publiant des dogmes dont le cœur s'indigne, en opprimant les apôtres de la tolérance, ne font-ils pas leur enfer fur ce globe ? Quand ils toucheront aux limites de la vie, ne te fouviens plus que de leur pardon, que j'ofe te demander, & rends-moi heureux de ma félicité & de celle de mes perfécuteurs. *Philof. de la Nat. tome VI, p. 380.*

C

DU FANATISME.

I.

Le fanatifme eft la religion des petits ef-
prits qui ont la tête chaude. *Philof. de la
Nat. t. VII, p. 2.*

2.

Je ne vois que le fanatifme qui puiffe rendre raifon de toutes les bleffures profondes
faites en tout temps à l'efpèce humaine : il
n'y a que lui qui mette la vertu à répandre
le fang des hommes : il n'y a que lui qui
mène à la ftupidité par la barbarie.

Et qu'on ne m'accufe pas de calomnier le
fanatifme ; il a produit tant de défaftres fur
ce globe, que, quelque crime qu'on lui im-
pute, il fera toujours impoffible de le calomnier. *Philof. de la Nat. t. V, p. 129.*

3.

Les fectaires à culte exclufif, c'eft-à-dire
les fanatiques, divifent la terre en deux par-
ties. Dans l'une ils placent leurs profélytes,
& dans l'autre, le refte du genre humain.
Le petit point du globe qu'ils occupent devient alors à leurs yeux l'objet unique des
complaifances de la divinité, &, du centre de
leur toile, ces infectes, qui fe croyent les

vengeurs du ciel, envoyent l'anathême & la mort à tous les points de la circonférence. *Philof. de la Nat. t. VI, p. 268.*

4.

Les hommes persécuteurs, par fystême, font d'autant plus dangereux dans un état, qu'ils ont, par leur manière de vivre, plus de crédit fur l'efprit des peuples. Le cénobite au teint pâle & livide, couvert de cilices & revêtu des haillons de la pénitence, eft le plus grand des fléaux pour fes concitoyens, quand il a l'ame atroce. Il y a des reffources contre un tribunal politique qui profcrit des fectaires, mais il n'y en a point contre un faint qui prêche l'intolérance. *Philof. de la Nat. t. VII, p. 10.*

5.

La nature ne s'eft point méprife dans un hémifphère entier, & les américains font des hommes.

Quoi ! les américains font des hommes, & vous, brigands de la Caftille, vous avez été à leur chaffe, comme les anglais l'ont été à celle des loups de la Grande-Bretagne.

Et toi, premier évêque de Mexico, fanatique Sumarica, tu as fait brûler leurs livres, pour qu'il ne reftât fur les ruines de la patrie des américains aucun monument de leur intelligence !

Et vous, monftres de la propagande, vous avez été, la croix d'une main, & le poignard de l'autre, punir l'adorateur pacifique du foleil, de n'avoir jamais adoré vos dieux antropophages !...

Illuftres fcélérats, qui vous faites un jeu de fouler les mondes ; defpotes, inquifiteurs, conquérans, puiffent les hommes s'éclairer enfin fur votre machiavélifme ! puiffe l'enfer engloutir vos divans, vos confeils de guerre & vos autodafés, & puiffe ma haîne pourfuivre votre mémoire, jufqu'à ce que le globe que vous avez inondé de fang, ceffe d'être habité par la poftérité de vos victimes ! *Philof. de la Nat. tome V, page 125.*

6.

O Rome ! n'étoit-ce pas affez d'avoir opprimé une fois la terre par ton defpotifme politique, falloit-il encore l'écrafer par ton defpotifme religieux ? & tu gémis d'avoir été brûlée par Néron, faccagée par Brennus, par Totila & par le rebelle Bourbon ! Que font ces fléaux paffagers en comparaifon de la bleffure profonde que tu as faite à l'efpèce humaine ? Des fchifmatiques ont défiré que la foudre

(37)

engloutît tes sept montagnes : ils ont eu tort sans doute : mais étoit-ce à toi de te plaindre des imprécations de tes victimes ? Songez que si, dans le siècle de la raison, tu peux nuire encore, c'est que l'homme de la nature ne se venge pas, ou que l'ordonnateur des mondes a sur la terre de grands crimes à punir. *Philof. de la Nat. t. VII, p. 77.*

7.

Les livres sacrés de l'europe sont le foyer du fanatisme, parce qu'on y voit la tyrannie dans le ciel, & l'apothéose de tous les crimes sur la terre.... Mais le temps vient où les gouvernemens oseront regarder cette Arche sans crainte d'être frappés de mort. On lira alors avec indignation ces codes saints qu'on exposoit fermés à la vénération des peuples ; & ces mêmes livres qui ont servi pendant vingt siècles à brûler les hommes sur les autels du fanatisme, seront brûlés à leur tour sur l'autel de la raison. *Philof. de la Nat. t. VII, page 19.*

DU CÉNOBISME.

I.

Nous avons en europe des institutions religieuses qui tendent au suicide : telles sont la plupart des constitutions des moines. Les

C 3

hommes fans génie, & prefque toujours fans
vertu, qui les ont fondés, ont dit que les
paffions n'étoient bonnes qu'à détruire, & par-
là ils ont ouvert la porte à l'homicide volon-
taire..... Il eft vrai que le cénobifme ne
frappe fes victimes que lentement ; mais
qu'importe au fond qu'on fe tue en jeûnant
ou en avalant du poifon, dans un inftant
de délire ou par un fyftême de fanatifme pro-
longé plufieurs années, avec le poignard de
Caton ou le cilice des Stylites & des Pacômes.
Philof. de la Nat. t. V, p. 397.

2.

Quel bien a fait à l'Europe cette foule de cloî-
tres où la jeuneffe des deux fexes va s'enterrer
de fon vivant, fous le vain prétexte de fe
rendre agréable au dieu des prêtres?...

L'homme eft-il né pour une vaine & oi-
feufe contemplation ? Tout membre d'un état
qui ne coopère pas au bien public, ne mérite
pas d'en être protégé. Lorfqu'il s'ifole par
dédain, il faut l'abandonner à lui-même ;
lorfqu'il s'ifole par fanatifme, il faut le
punir....

Le cénobifme eft effentiellement mauvais
par lui-même; il eft effentiellement contraire
à la morale univerfelle de tromper par le

célibat l'espoir de la patrie, de jurer à Dieu qu'on ne sera jamais père, & de se faire un système réfléchi d'outrager sans cesse la nature. *Philof. de la Nat. t. VI, p. 390.*

DU SACERDOCE.

I.

Nous flatterions-nous de faire germer la vérité dans les têtes froides & flétries des ministres des autels? La raison a-t-elle quelque pouvoir quand la flamme de la sensibilité est éteinte; & qu'y a t-il de commun entre un prêtre & la vertu? *Philof. de la Nat. t. VI, p. 266.*

2.

Les ministres de la religion prétendent toujours avoir précédé la formation des gouvernemens. C'est du ciel qu'ils disent tenir le droit d'aveugler la terre.

Si on demande dans les deux mondes quel est le diplome qui autorise le sacerdoce, on dit que c'est la révélation : si l'on demande ce qui autorise la révélation, on répond que c'est le sacerdoce. *Philof. de la Nat. t. VI, p. 294.*

3.

Sans doute il y a eu des hommes juftes parmi les interprêtes du ciel : mais il en eft des impoftures religieufes des prêtres comme du defpotifme des rois. Pour un philofophe qui fait fervir le pouvoir abfolu ou la fuperftition au bonheur des peuples, il y a mille monftres qui employent ces armes dangereufes à la perte du genre humain. Lifez l'hiftoire des defpotes , & voyez pour un Marc-Aurèle, combien il y a eu de Sefoftris, de Cambyfe , de Néron , de Conftantin, de Muley-Ifmaël : Parcourez les annales du facerdoce, & jugez fi un petit nombre de prêtres refpectables dans quelques cultes , peut être mis en parallèle avec cette foule de brigands facrés , qui ont trafiqué fur les autels du fang des hommes, avec des Druydes & des miniftres de Saturne; avec un Samuel qui fait couper les rois en morceaux, avec les papes qui ordonnent les croifades, avec les Anitus, les Grégoire VII , & ces tigres du faint-office , qui ont fait difparoître quatre millions d'hommes de la furface des deux mondes. *Philof. de la Nat. t. VI, p. 296.*

4.

Un prêtre, dans tout culte raifonnable,

ne doit être que le cenfeur des mœurs. S'il exerce une autre magiſtrature que celle de la morale, s'il peut aveugler fes concitoyens, ou les rendre malheureux, le culte qu'il profeſſe & le gouvernement où il vit ne valent rien. *Philof. de la Nat. t. VII, p. 351.*

DE QUELQUES HÉROS DE LA RELIGION.

I.

Le plus fage des hommes & le héros de la religion de la nature eſt accufé d'avoir parlé contre les dieux de la patrie : quel fera le juge entre Athènes & Socrate ? cette même divinité qu'Ariſtophane blafphème en la défendant, & que le philofophe défend encore en expirant. Auffi le maître de Platon, perfuadé qu'il eſt un être fupérieur qui juge les juſtices humaines, voit fans frémir fon exiſtence fe diffoudre, & en buvant la ciguë, il fe croit plus heureux que les pâles calomniateurs qui la lui préfentent. *Philof. de la Nat. tome VI, page 64.*

2.

Mahomet n'étoit point fait pour être le légiſlateur de l'Afie : il avoit un tempérament trop ardent : ce n'étoit point du fang, c'étoit l'élément même du phlogiſtique qui circuloit dans

ſes veines : il ne combattoit ; il n'écrivoit, il
ne prophétiſoit que pour ſervir la pente effré-
née qui l'entraînoit vers les femmes ; il com-
poſa ſon Coran pour déguiſer ſes foibleſſes,
& il imagina ſon paradis pour en faire l'apothéoſe. *Phil. de la Nat. t. II, p. 167.*

3.

Quatre cents ans après Socrate, parut dans
cette ville d'Herſalaïm, que nous nommons
Jéruſalem, un de ces ſages deſtiné à changer
la face de la terre & à imprimer un nouveau
caractère à l'eſprit humain : ſupérieur à ſon
ſiècle, & maître de ſubjuguer ſes concitoyens
par ſon éloquence, il aima mieux les rendre
heureux que de les gouverner : toute ſa vie fut
une chaîne non interrompue d'actes de bienfai-
ſance : il annonça le père de la nature aux adorateurs d'un dieu de ſang ; il apprit l'art de
ſouffrir à des êtres féroces, qui ne ſavoient que
ſe détruire ; il cimenta le pacte ſocial avec la
morale ſublime des philoſophes : il auroit
réaliſé la république de Platon, & tracé quinze
ſiècles plutôt le modèle de la légiſlation admi-
rable de Philadelphie ; mais le fanatiſme vint
s'aſſeoir ſur les monumens qu'il élevoit, afin
de les renverſer ; on s'irrita de ſa douceur, on
empoiſonna ſes diſcours, on calomnia juſqu'à
ſon ſilence ; & enfin ſa patrie ingrate, après

lui avoir fait épuiſer la coupe de l'opprobre, termina ſes jours par l'affreux ſupplice des eſclaves.

O grand homme ! que les hommages de la terre t'ont bien vengé des outrages du fanatiſme ! L'Orient pleura, pendant pluſieurs générations, la mort d'Adonis ; mais dix-ſept ſiècles écoulés depuis ton ſupplice, n'ont pû encore altérer le caractère de grandeur imprimé ſur ta tombe. Je n'ai pas beſoin des vains prodiges qu'on te faît opérer, pour prononcer ton nom avec l'enthouſiaſme de la reconnoiſſance, je n'irai point blaſphémer l'Être ſuprême, en te nommant ſon fils ; mais ſi quelqu'intelligence humaine a jamais mérité notre culte, par ſes mœurs, par ſes lumières & par ſa vertu, qui plus que toi eut droit à l'apothéoſe ? *Phil. de la Nat. t. VII, p. 105.*

DE L'INSURRECTION.

I.

L'homme ſocial peut conjurer contre la loi poſitive qui le courbe vers la fange, armé de la loi naturelle qui lui rend l'attitude du commandement. *Epon. tome V, page 8.*

2.

Le droit d'inſurrection ſemble dériver, pour l'homme, de ce que ſa raiſon lui indi

quoit le befoin des loix, avant qu'il y eût des
loix; de ce qu'avant qu'il exiftât un pouvoir,
il avoit une intelligence. *Epon. tome V, p. 23.*

3.

Si, defcendus des hauteurs, non de leur
génie, mais de leur orgueil, les anciens légiflateurs avoient voulu compofer avec cet
entendemènt humain dont ils craignoient la
trop grande influence ; s'ils avoient dit : là, le
pouvoir cédera aux lumières ; là, les lumières
fléchiront fous le pouvoir, ils auroient fouvent épargné aux peuples le crime qui en-
freint la loi, & le crime qui la venge ; ils ne
réduiroient pas aujourd'hui les fages de l'Europe à ne favoir s'ils ont fait un crime ou un
acte de vertu, que par le fuccès de leur infurrection. *Epon. tome V, page 39.*

4.

Le fage marche avec circonfpection, en
développant la théorie de l'infurrection ; il
fent qu'en abattant un pouvoir injufte, il court
le rifque d'abattre le fyftême des loix ; il
voit le vaiffeau de la république renverfé du
côté du defpotifme, & il s'expofe, en lui
donnant avec violence une autre direction, à
le renverfer du côté de l'anarchie. *Epon.
tome V, page 36.*

5.

C'eft quand il y a encore de la sève dans le cœur des citoyens, qu'il faut revivifier la patrie : réfifter au defpotifme quand on eft feul, c'eft la vertu du défefpoir : tenter une infurrection quand un état dégradé fe renverfe fur lui-même, ce n'eft pas le fauver, c'eft s'enfevelir fous fes ruines. *Epon. tome V, page 44.*

6.

Quand un état ne renferme dans fon fein que des hommes inquiets, actifs, naturellement indociles au joug, il ne faut que remonter le reffort de la machine politique pour la faire marcher ; mais fi la nation eft immobile dans fes préjugés, femble inacceffible au contact des lumières, a contracté l'apathie que donne un long efclavage, il ne faut pas s'amufer à démonter quelques pignons, à polir quelques rouages, la machine ne vaut rien, & il faut la brifer. *Epon. tome V, page 48.*

CONSIDÉRATIONS SUR LES ROIS
ET
LES GOUVERNEMENS ABSOLUS.

I.

Le grand crime des gouvernemens abfolus eft d'avoir créé un art de tromper les hommes, qu'ils ont décoré du nom de politique . . . . .

C'eſt de cette politique immorale que ſont nées les manœuvres obſcures & cruelles , appelées par de vils adulateurs, *coups d'état, droit de bienſéance,* & que le philoſophe appelle des *attentats des rois contre les peuples.*

C'eſt elle qui entretient dans un empire les priſons d'état ; quoiqu'il ſoit démontré que par-tout où la loi ne juge pas, le ſupplice de l'accuſé eſt un crime du légiſlateur.

C'eſt par elle que ſe trament ſourdement les grandes conſpirations contre le genre humain ; qu'on voit fermenter ces haines nationales qui ſe terminent par des vêpres ſiciliennes , & ces haines ſacerdotales qui font honorer un dieu de paix par des maſſacres d'Irlande & des journées de Saint Barthelemy. *Philoſ. de la Nat.* tome II, *page* 171.

2.

Dans les états abſolus, le ſilence de la terreur eſt le ſeul ſigne de vie que le peuple donne au gouvernement. *Epon.* tome *I V, page* 140.

3.

Homme ſocial , . . . le trône t'a aſſuré que ſi tu le rendois abſolu, il ne ſe ſerviroit de ſa force que pour protéger ta toibleſſe : & par-

tout où ce trône n'a pas été occupé par des
fages, il t'a humilié de fon faſte, & écraſé de
ſa gloire. *Epon. tome X, page 33.*

4.

On n'obéit pas à la force, on lui cède :
eſt-ce que je ſuis cenſé obéir au Véſuve,
quand le fleuve embrâſé de ſes laves vient
m'engloutir ? Il faut un droit pour légitimer
mon obéiſſance, & le mot de droit eſt con-
tradictoire avec celui de pouvoir abſolu. Deſ-
potes, croyez-moi, ne ſortez pas de vôtre
élément : vous raiſonnez toujours mal avec les
philoſophes, contentez-vous de les frapper.
Epon. tome I, page 100.

5.

Je ne ſuis pas fâché que toutes les conſpirations des peuples contre les gouvernemens
abſolus ne ſoient pas jetées dans le même
moule. Puiſque les tyrans ont mille moyens
de tourmenter le globe, j'aime à voir, par
l'hiſtoire, que le globe à mille moyens d'écra-
ſer ſes tyrans. *Epon. tome III, page* 1.

6.

Qu'eſt-ce qu'un roi conquérant ? C'eſt un
enfant méchant qui enſanglante ſes hochets.
Philoſ. de la Nat. tom. III, page 364.

7.

Et ces Califes qui ne conquéroient que pour
détruire, qui réunissoient à une religion meur-
trière un gouvernement atroce, & qui faisoient
brûler dans le même bûcher les hommes &
les livres, je ne vois de comparable au crime
de les imiter, que celui d'en faire l'éloge.
Philos. de la Nat. tome IV, page 181.

8.

Tous les peuples qui commencent ont des
rois pour maîtres; car un gouvernement ne
devient républicain que quand la politique se
perfectionne. *Hist. de la Grèce, tome VIII,
page 79.*

9.

Un roi n'est qu'un homme dans le cabinet
de Leibnitz. *Phil. de la Nat. t. IV, p. 168.*

10.

Que m'importe l'amitié des rois? je peux
les punir, & non les aimer. *Philos. de la Nat.
tome V, pag. 306.*

11.

Dans les temps de barbarie, où l'homme
ne savoit que trembler & croire, les rois se
disoient tels, par la grace de leur épée, &
cette épée étoit vraiment le sceptre du monde;

les

les conquêtes se faisoient aussi naturellement que les échanges; on commerçoit du sang des peuples, comme de la vente des bêtes de somme, & plus un héros s'entouroit de cadavres, plus il étoit sûr de son apothéose.

Dans des siècles de demi-lumières, les souverains de l'Europe se sont dits rois par la grace de dieu, & c'étoit, en d'autres termes, l'être encore par la grace de leur épée; car la religion dominante n'offrant aux regards qu'un dieu exterminateur, il étoit évident que le dieu, qui distribuoit les couronnes, donnoit aussi à ses grands vassaux le droit de mort sur les peuples qui refusoient de changer de fers.

Enfin les religions sont devenues tolérantes, la raison humaine a recouvré ses priviléges; on a eu le courage de dire aux souverains, qu'ils ne l'étoient que par la grace de leurs peuples, & l'esprit humain a fait un pas de géant dans le système de la sociabilité. *Epon. tome I, page 51.*

12.

Qu'est-ce qu'un pacte entre le chef & les membres d'un corps politique, quand il s'agit de la morale universelle? Que sont des rois, & même des rois philosophes, quand ils se trouvent en présence du genre humain? *Epon. tome X, page 5.*

D

13.

Puiſſent les rois expier un jour le crime de leurs guerres offenſives ; de ces guerres où ils ſacrifient quatre-vingts mille de leurs ſujets, pour ajouter quelques lignes à l'orgueil de leur épitaphe ! *Epon. tom. II, page 87.*

14.

Nous ſommes devenus vantours, quand les rois l'ont été eux-mêmes, quand briſant le pacte ſocial & ſe faiſant les dieux du monde, ils ont créé leurs ſujets à leur image. *Epon. tome II, page 89.*

15.

Le philoſophe Théodore envoyé auprès de Lyſimaque, un des ſucceſſeurs d'Alexandre , lui parle avec la plus grande fierté ; tu t'imagines peut-être, lui dit le prince bleſſé, qu'il n'y a pas plus de rois ſur la terre, que de dieux dans le ciel. —— Il faut bien, répond Théodore, que je croye à l'exiſtence des dieux, puiſqu'ils ont à punir les êtres odieux qui te reſſemblent. *Hiſt. de la Grèce, tome XII, page 73.*

16.

Tarquin-le-Superbe avoit mérité ſon ſort.... Il avoit rompu, en ſe mettant au-deſſus des lois, le contrat tacite qui lie même un deſpote à ſes eſclaves.... Oſons le dire ; il fut moins détrôné par des rebelles, qu'il ne fut puni par ses juges; & l'arrêt terrible, prononcé contre lui par son peuple, ne sera jamais cassé par la morale, quand l'histoire de Rome sera écrite par un philosophe. *Histoire de Rome*, *tome II, page 127*.

17.

Quand une nation nomme son roi, elle a intérêt à faire tomber son choix sur un citoyen qui sache lui-même mettre des limites au pouvoir absolu : mais qu'attendre d'un être superbe, né sur les marches du trône, qui peut tout, uniquement, parce que son père pouvoit tout; qui ne connoît de sa monarchie, que l'enceinte de ses palais, & l'étendue de son pouvoir que par l'impunité de ses crimes? *Histoire des Ptolémées, page 246*.

18.

Les annales de tous les peuples démontrent que sur un despote à grand caractère, il y en a vingt qui sont des tigres, ou des statues; il ne faut donc pas qu'un empire soit à un homme, à moins qu'on n'adopte les paradoxes de ces plumes vénales & avilies, qui ne se sont exercées sur la politique, que pour outrager la morale du genre humain, & blasphémer la nature. *Histoire des Ptolémées, page 245*.

PRÉLIMINAIRES
DU CODE DE LA MONTAGNE (a);

I.

Le premier berceau de la civilisation a été dans le sein d'une famille primordiale; quand cette famille se subdivisa, la propriété nâquit, & avec elle des lois orales ou écrites, & un gouvernement. *Epon. tome X, page 41.*

2.

La nation ne reconnoît de codes, avoués par la raison, que ceux où l'homme social est bien avec tous les êtres avec qui il a des rapports; & on n'est bien avec dieu & avec ses égaux, que par la morale. *Epon. tome X, page 57.*

3.

Le souverain, dans tous les siècles & dans tous les pays du globe, n'a jamais pu être que la nation assemblée; nous regardons cette vérité d'un ordre majeur, comme la clef de tous les gouvernemens. *Epon. tome X, p. 98.*

4.

Le souverain ne peut ni diviser, ni aliéner;

(a) N'oublions pas que ces préliminaires ont été publiés par l'auteur de la *Philosophie de la Nature*, en 1791.

ni perdre fa fouveraineté. *Epon. t. XI, p. 35.*

5.

Lorfque le repréfentant du fouverain fe fait fouverain lui-même, lorfqu'il annulle par là tyrannie de fes lois le pacte focial, les peuples rentrent de droit dans l'indépendance de la nature. *Epon. tome X, page 102.*

6.

Tout peuple qui a aliéné fa fouveraineté, en la tranfportant d'une manière indéfinie à un roi, ou a un corps de rois, ne fauroit obliger, par cet acte de démence, les générations à naître; il n'y a point d'époque, dans l'age d'un empire, où une nation éclairée fur fes droits primitifs, ne puiffe légitimement demander la révocation d'un acte, qui la condamne à une éternelle minorité; & fi le pouvoir s'y refufe, elle peut fe faire juftice elle-même, à l'aide d'une infurrection. *Epon. tome X, page 116.*

7.

En général, une nation qui a la confcience de fes forces, ne doit confpirer contre fon gouvernement qu'avec la raifon & la morale. *Epon. tome X, page 126.*

8.

Une fage légiflation peut réduire à quatre

D 3

points de vue, l'art d'épurer le mode des infurrections.

Se rappeller que ce n'eft point en faifant couler le fang humain, qu'on conjure pour améliorer l'homme, la patrie & l'univers.

N'admettre parmi de fi auguftes confpira-teurs, que le génie qui projette, & la vertu qui exécute.

Prendre garde de prolonger plus d'un inf-tant l'anarchie tutélaire, qui doit régénérer un gouvernement.

Ne faire intervenir l'épée, pour empêcher le pouvoir d'abufer, qu'afin de rendre, après le retour de l'ordre, l'énergie & la majefté au pouvoir. *Epon, tome X, page 127.*

9.

Un des plus heureux mobiles de l'infurrec-tion, eft la liberté de la preffe. . . . . . Cette liberté eft effentielle au bonheur des hommes, parce qu'il eft effentiel qu'il y ait toujours, au-devant de la patrie, des fages en fenti-nelle, qui avertiffent les peuples des atteintes qu'on menace de porter à la loi, foit par ignorance, foit par perverfité. . . . . & qui, lorfque les repréfentans du fouverain perfif-tent dans leurs complots, contre la félicité publique, éternifent le fceau de l'opprob:e fur le front de ces grands confpirateurs. *Epon, tome X, page 149.*

10.

Grace à la liberté de la preſſe, avant qu'un ſiècle s'écoule, les ſouverains par la grace de dieu, ne le ſeront plus que par la grace de leurs peuples.... On ſaura que ſans les chaines que les lois impoſent aux dépoſitaires du pouvoir, il n'y auroit ſur le globe aucun roi légitime. *Epon. tome X, page* 151.

11.

Le droit de l'homme, à toute eſpèce de liberté légale, eſt d'autant plus grand, que la patrie jouit davantage de toute la plénitude de ſa puiſſance; en effet, plus la loi pèſe également ſur tous les citoyens, moins le poids s'en fait ſentir à chaque individu. Dépendre d'une conſtitution bien faite, c'eſt ne dépendre que de ſoi-même; & l'homme ſocial, n'eſt jamais plus libre que quand il obéit en raiſonnant ſon obéiſſance. *Epon. tome X, page* 205.

12.

Une conſtitution toute parfaite qu'elle ſeroit ne peut obliger que, lorſqu'après une réviſion ſolemnelle, le ſouverain lui a donné ſa ſanction. Ce droit de réviſer ſes lois, eſt auſſi inaliénable pour la patrie que celui de ſe régir par des lois. *Epon. tome X, page* 216.

13.

Généreux français (on t'a donné une conftitution en 1791)..... Mais quand le bandeau tombera de tes yeux, quand il n'y aura
plus d'autre force dans l'empire que la force
publique, quand Cicéron viendra annoncer à
Rome, qu'il fauve de fes propres fureurs,
que *fes Catilina ont vécu*, alors tu reviendras
fur cette conftitution, dont tu te glorifies aujourd'hui, comme de ton évangile, & qui
l'auroit été fans doute, fi tu ne l'avois fait
dreffer que par des Socrate. *Epon. tome XI,
page 5.*

14.

(Futurs légiflateurs des français)..... le
jour vient où dégageant cette conftitution,
de 1791, de tout l'alliage hétérogène qu'y
a laiffé introduire l'inexpérience, vous n'en
conferverez que l'or pur de la raifon & de
la morale; alors pour remettre cette matière
première dans le creufet, vous vous entou-
rerez de la fageffe de vos concitoyens : vous
vous éclairerez même de ce foible ouvrage,
perfuadés que vous n'êtes pas au-deffus de
mes lumières, quoique vous foyez au-deffus
de mes éloges. *Epon. tome XI, page 15.*

15.

(La religion eft une des bafes d'une conf-

titution philofophique).... On peut la définir un contrat tacite entre le père de la nature
& fes adorateurs; de-là il fuit que chaque
confcience a droit d'en établir les articles,
foit au gré de la raifon fupérieure du fage,
foit au gré de la fenfibilité qui eft la raifon
de la multitude. *Epon. tome IV, page 54.*

16.

Quand une religion ne dégrade point
l'homme, quand elle ne le rend ni vil ni
fanguinaire, elle eft effentiellement bonne
aux yeux de la politique, & la loi doit la
protéger, comme la plus fainte des propriétés du citoyen. *Epon. tome IV, page 56.*

17.

Tout gouvernement qui adopte une religion nationale, déclare par-là la guerre à
toutes les autres; & ainfi il attente à la liberté
originelle, jufques dans fon fanctuaire. *Epon.*
tome IV, page 57.

18.

Du moment que le fouverain a la fageffe
de n'adopter aucune religion nationale, il
faut qu'il n'y ait aucune diftinction, ni préémi-
nence parmi les miniftres des cultes; puifqu'ils font tous égaux devant l'être fuprême
qu'ils font parler, il faut qu'ils le foient auffi
devant l'ordre focial. *Epon. t. XII, p. 39.*

Il ne doit y avoir d'autres fêtes publiques,
que les fêtes nationales qui feront inftituées
en mémoire des époques mémorables de la
patrie, & pour perpétuer le fouvenir de fes
grands hommes. *Epon. tome XII, page 42.*

20.

L'ordre focial fait bien de porter fon niveau fur tous les membres de la fociété,
mais ce doit être uniquement pour les rendre
tous également foibles devant la loi. *Epon.
tome XII, page 4.*

21.

C'eft l'égalité de foibleffe de tous les individus devant la loi, qui eft le palladium des
gouvernemens ; chez le peuple qui a les
mœurs de la nature, cette égalité de foibleffe
dérive de l'égalité d'abandon des forces indi-
viduelles devant le magiftrat qui les protége
toutes ; chez le peuple qui a perdu le fentiment de fa dignité, elle vient de l'égalité de
la terreur, effet néceffaire de l'habitude de
l'efclavage. *Epon. tome XII, page 113.*

22.

Hommes que la terre entière renferme
dans fon fein, ne cherchez vos vrais titres
d'égalité, qu'à l'époque où vous commencez

d'être, & à celle où vous n'êtes plus. Si le monarque superbe & le plébeyen obscur nâquirent égaux, c'est qu'ils nâquirent avec un sentiment uniforme de leur foiblesse ; s'ils meurent égaux, c'est que quand l'argile de l'homme se décompose, la cendre hautaine , renfermée dans un mausolée, n'est pas d'une autre nature que la cendre vile , qui gît sur la poussière ; avant que les êtres intelligens entrent dans le monde social, la nature porte également sur tous le niveau de la foiblesse ; quand ils en sortent, c'est la religion qui porte sur eux le niveau de l'éternité. *Epon. tome VIII, page 27.*

23.

Les respectables disciples de Penn croyent que l'homme de la nature doit toujours être en paix ; ils ne se battent que dans le cas de la défense naturelle, non parce qu'ils sont des lâches , mais parce qu'ils ne sont pas des tigres. Leurs dogmes sur l'égalité primitive ne sont pas destructeurs ; ils tutoyent tout le monde , mais ils ont plus d'humanité que le courtisan qui complimente l'homme à qui il va nuire : ils voudroient que la terre entière ne fût qu'une démocratie, mais ils obéissent à des souverains ; ils condamnent les impôts & les payent. Les Pensylvains n'exciteront jamais de troubles dans les états où ils obéissent ;

mais s'ils avoient le pouvoir suprême, le monde n'en seroit pas plus mal gouverné. *Philof. de la Nat. tome VII, page 288.*

24.

Le droit de guerre est l'attribut le plus essentiel de la souveraineté. Les nations n'ont jamais pu le déléguer à un homme, parce que cet homme se trouveroit juge entre l'état oppresseur & l'état opprimé. *Epon. tome II, page 99.*

25.

(La guerre même légitime est un fléau pour les peuples)... Un factieux d'Athènes disoit : Qu'a donc fait pour la patrie ce Phocion, pendant tant d'années qu'il l'a maintenue en paix, quoique général de ses armées?
— Eh ! ne compte-tu pour rien, répond le sage, que tous mes concitoyens, dans cet intervalle, aient été ensevelis dans la tombe de leurs ancêtres? *Hift. de la Grèce, tome X, page 87.*

26.

Que la guerre (contre les rois coalisés) soit le résultat du concours de tous les citoyens; qu'elle soit franche, sur-tout qu'elle soit généreuse, & les vagues de l'Europe irritée viendront se briser contre le roc de la liberté françaife. *Epon. tome XI, page 112.*

27.

Si jamais... on a recours à mes foibles talens pour donner une bafe folide au pacte focial, je donnerai des loix fi fimples, qu'elles auront à peine befoin d'être écrites ; fi claires, que perfonne ne fongera à les interpréter, & furtout fi pacifiques, qu'on ne les croira qu'une extenfion de celles de la nature. Je m'occuperai plus à prévenir les erreurs, qu'à les punir ; & comme mes inftitutions ne tendroient qu'à ôter à mes concitoyens la liberté de fe nuire, je les amenerois à bénir le philofophe qui n'a enchaîné fa patrie que pour la rendre à jamais refpectable dans la mémoire des hommes. *Hift. de l'ancienne Rome, t. I, page 176.*

28.

(Suivant mes loix).... il n'y a point de citoyen dont les propriétés légitimes ne foient inviolables ; & quand ces propriétés ne gênent point l'ordre général, il me femble que l'état n'a pas le droit d'en exiger le facrifice, même avec des indemnités. *Epon, tome XI, page 44.*

29.

Il n'y a point de citoyen qui n'ait droit à toutes les places du gouvernement ; & l'état ne doit admettre de diftinction en ce genre

que pour les talens & la vertu. *Epon. t. XI,
page 45.*

30.

Il ne doit y avoir qu'un feule loi, un feul
poids, une feule mefure, & un feul fyftême
monétaire pour toute l'étendue de l'empire.
Epon. t. XI, page 46.

31.

L'homme de génie qui veut le bien, ne
renverfe, dans fa patrie, l'antique édifice des
loix civiles & criminelles, qu'à mefure qu'il
le reconftruit, afin que l'homme vertueux, qui
cherche un afyle, ait autre chofe que des dé-
combres pour repofer fa tête. *Epon. t. XII,
p. 117.*

32.

Si le code judiciaire eft bien fait, la loi
fera précife, de manière que tout homme qui
la viole pourra fe juger : elle fera froide,
c'eft-à-dire que toutes les paffions qui défor-
ganifent les états qu'on régénère, n'auront fur
elle aucune influence; elle fera douce, en ce
qu'elle fuppofera le règne des mœurs : elle
fera égale, parce qu'elle atteindra tout; depuis
les marches du trône jufqu'à la mendicité.
Epon. tome XII, page 127.

33.

On attend des légiflateurs patriotes, des

Inſtitutions d'un ordre majeur : telles que
l'adoption, ſi importante quand on veut régénérer des races abâtardies ; la néceſſité du
mariage pour tout homme qui veut jouir des
priviléges de citoyen, & peut-être même le
divorce, ſi on avoit l'art de l'épurer, en com-
mençant par donner des mœurs à la multitude.
Epon. tome XII, page 183.

34.

Ce travail, ſur la morale des états, devroit
être terminé par l'établiſſement d'un mode de
récompenſes civiques, pour les hommes qui
ont bien mérité de la patrie, & par la créa-
tion d'une caiſſe de ſecours publics, pour
élever les enfans nés d'unions illégitimes,
pour ſoulager l'infirmité & la vieilleſſe, &
pour fournir du travail à l'indigence honnête, qu'on ſouſtrait ainſi au vagabondage &
à la mendicité. *Epon. t. XII, p. 184.*

PENSÉES

SUR LA RÉVOLUTION FRANÇAISE.

I.

Il falloit que tôt ou tard le deſpotiſme en
France conquît la philoſophie, ou que la
philoſophie conquît la nation. — Le deſpotiſme ſe tut en 1789, & la nation ſe laiſſa
conquérir. *Eponine, t. II, p. 148.*

2.

Il eſt évident d'abord que les lumières ſont la cauſe primordiale de la révolution françaiſe, enſuite qu'elles ont agi avec une unité de plan qui n'étoit pas dans la tête de ſes mobiles ; enfin que juſqu'au moment où la tête ſuperbe de l'aſſemblée conſtituante s'éleva à la hauteur du trône, aucune goutte de ſang verſée n'a deshonoré la belle cauſe des droits des peuples, plaidée par des hommes de paix au tribunal de la raiſon. *Epon. t. III, p. 80.*

3.

Dans la révolution françaiſe c'eſt la nation toute entière qui, miſe en impulſion par les lumières, s'eſt portée en maſſe pour abattre le coloſſe du deſpotiſme, & exterminer l'hydre des préjugés. Ses grands hommes n'ont point fait la patrie, c'eſt la patrie qui a fait les grands hommes. *Epon. t. IV, p. 25.*

4.

(Au commencement de l'inſurrection pariſienne).... on n'appella Louis XVI dans ſa capitale que pour faire diſparoître à ſes yeux toutes les diſtinctions ſociales, & lui montrer que roi ou plébéyen, tout individu n'eſt qu'un homme devant la nature. *Epon. tome II, page 202.*

5.

5.

En ce moment dans la capitale, tout le monde se refpecte, parce que tout le monde s'y croit égal : je crois être au milieu d'un million d'hommes dont le père eft abfent, & dont aucun des enfans ne jouit du droit d'aîneffe. . . . Depuis que j'ai été témoin du fpectacle touchant & fublime de ce peuple immenfe à qui fa raifon tient lieu de loix, j'ai cru voir defcendre le ciel fur la terre, & mon ame a été avertie de fa dignité. *Epon. tome IV, p. 142 & 148.*

6.

Du milieu de l'anarchie s'élève lentement un des codes les plus parfaits que la philo-fophie ait jamais donnés au genre humain. On cherche dans la nature une bafe à l'obéif-fance fociale : on fait fortir une loi pure & uniforme du cahos effrayant des cou-tumes : on arrache le gouvernement au def-potifme du trône, & la religion au fanatifme du facerdoce. *Epon. t. V, p. 112.*

7.

Obfervons avec intérêt . . . . . le grand défi fait par la France à tous les préjugés qui infeftent l'univers.

Si la raifon, dans cet empire, triomphe des factieux qui l'affaffinent fous fa livrée, le torrent fe répandra, mais lentement, autour de lui, & surmontant toutes les digues que les rois voudroient lui opposer, il finira par couvrir les deux mondes. *Eponine*, *tome V, p. 148.*

8.

Il y a pour les empires comme pour les individus, une destinée dont il semble impossible de vaincre l'influence. Sylla toujours opprima Rome, & toujours fut heureux. La France verra souvent ses législateurs contrarier les lumières qui l'ont rendue libre, & la France devra aux lumières sa législation.

Un peuple éclairé est bien fort quand il marche avec son siècle pour être libre, tandis que ses ennemis sont obligés de rétrograder dans la nuit des âges de barbarie, pour le maintenir dans l'esclavage. *Epon.* *tome IV, p. 22.*

9.

A la tête des législateurs (de la France), il falloit mettre l'auteur d'*Emile* : cet homme digne, par ses talens & par son ame, de nous faire moins regretter les beaux siècles de Périclès & d'Auguste : il conduisit l'homme social du berceau à l'adolescence. Eh ! qui pouvoit mieux que lui, le mener, le flambeau de la nature à la main, jusqu'à l'instant où il entre dans la tombe ? — Si Emile n'est encore qu'un enfant, il faut s'en prendre au fanatifme qui craignoit d'être anéanti s'il lui permettoit de devenir homme. *Philof. de la Nat. t. II, p.* 212.

10.

L'unité de puiffance centrale, fans laquelle il n'exifte point de bon gouvernement, vouloit que le clergé de France, comme corps, fût anéanti. . . Alors l'état héritoit naturellement des biens facrés à la mort de chaque titulaire ; & au bout d'une génération, la dette nationale, que les biens de ce clergé garantiffoient, n'exiftoit plus. *Epon. tome VI, pages 31 & 35.*

11.

La nobleffe (que la France a anéantie), n'eft qu'une monnoie d'opinion d'autant plus recherchée que le temps en a le plus effacé les empreintes ; monnoie fufpecte en ce que le métal le plus raffiné n'efface pas en éclat celui qui a le plus d'alliage ; monnoie funefte à l'ordre focial, parce qu'elle empêche de circuler l'or vierge, qui eft le talent & la vertu. *Epon. tome VI, p.* 52.

12.

Parmi les hommes qui aiment mieux fervir le peuple que le flatter, je fais gloire d'être un des plus populaires. Jamais il ne m'en a coûté de mettre ma raifon en commerce avec fa vertueufe fimplicité, & quand

13.

Le peuple partout doit être heureux. Il n'y a que les gouvernemens pervers qui le tourmentent ou l'avilissent. Dans tout état où la philosophie n'est pas impuissante, il faut que cette classe, sans laquelle les autres ne font rien, soit protégée par les hommes qui éclairent leur pays, si elle est abandonnée par ceux qui le gouvernent. *Ep. t. V, p. 190.*

14.

(J'ai été dans tous mes ouvrages, courageux & vrai). . . . Cependant on imprimera peut-être fur mon nom le fceau d'une réprobation qui l'honore. En attendant, le temps qui m'a condamné à la mort en naiffant, viendra à grands pas exécuter fa fentence. Il est vraifemblable qu'à l'époque où la France fourira à mes travaux, je ne ferai plus. Mais je lègue à mon Eponine tout ce qui est fait pour me furvivre, & si fa main chérie place *ma Ré-publique* fur la pierre agreste de ma tombe, elle rappellera à des hommes fenfibles qu'un jour Rome reconnoiffante crut s'acquitter envers un grand homme, en plaçant le tableau de la transfiguration fur le cercueil de Raphaël. *Epon. t. VI, p. 42.*

F I